在日二世
高炳佑の生き方
コ・ビョンウ

心豊かなグローバル社会を求めて

はじめに

　高炳佑は今年９月に77歳の誕生日を迎える在日韓国人二世だ。男女ともに世界一の長寿を誇る日本の中で喜寿は昔ほどお年寄り扱いされる歳ではない。やっと後期高齢者の門をくぐったというところだろう。

　日本の男性の平均寿命は81.47歳（2021年）。高炳佑は60代で胃がん手術を受けたとは言え、大きな後遺症もなく、今も月に一度はグランドに立つ現役のサッカー選手だ。ボールを追いかける姿は年齢を感じさせない。元気の秘訣は何かと後輩に聞かれることが多い。

　子宝に恵まれ、家庭も円満、仕事も順調だという高炳佑が、なぜ今自伝を出そうとするのか。

　経済的に成功し、社会からも尊敬を集める人が出すのが自伝だ、と一般的には思われている。どこにでもいるようなごく普通の在日二世で、もともとシャイな性格からすればこ

れまでの生き様を表に出すことはかなりハードルが高かったはずだ。

　しかし、その躊躇を押し切ったのは、高炳佑が現在、在日韓国人の生活者団体である韓国民団千葉県本部の団長を務めていることに理由がある。

　民団は日本による植民地支配で日本居住を余儀なくされ、日本の敗戦後も日本に暮らす在日韓国人約40万人を率いる団体だ。綱領には「在日同胞の人権擁護、経済発展、文化振興に努め、ひいては日本地域社会の発展と世界平和、国際親善を図る」と掲げている。

　高炳佑は千葉県下約1万2千人の在日韓国人のリーダーだ。2019年に第42代の県本部団長を引き受け、3年の任期を無事勤めあげた。22年に再選されて現在は2期目に入った。高炳佑が1期目の21年2月に、全国48地方本部を統括し、75年以上の歴史と伝統ある民団中央本部に激震が走った。

　中央団長選挙をめぐる内部分裂をきっかけ

に全国の組織を覆う混乱事態に陥り、すでに２年以上も機能停止状態が続いているのだ。これまで団長選挙に関わって来た先輩諸氏に「民団の選挙は毎回こんなことがあるのか」と聞いてみたが、「前代未聞、こんな事態は初めてだ」と口々に答えた。

　「一世らが差別と偏見にまみれながらも血と汗と涙で築いた民団がこの体たらくでいいのか。このままでは親たち世代に申し訳ない。顔向けができない」。この義憤が「民団中央正常化委員会」の主要メンバーに名を連ねることを決意させた。と同時に、生まれ育った日本という国、地域社会に対しても在日同胞の一員として、一言物申さねばならないという気になった。

　韓日関係が悪化状態からなかなか脱しきれないもどかしさを人一倍感じるからこそ、不幸な歴史を越えて両国関係改善の一翼を在日として担いたいと常に思っている。

　名もなく貧しく美しくもないが、まだ現役

として現場で生きている、そんな万年青
年の人生の中間報告、それが本書である。

2023 年 3 月

民団千葉県本部の新年会で挨拶する高炳佑団長（2023年1月）

在日二世、高炳佑の生き方
心豊かなグローバル社会を求めて
目次

第1話

在日韓国人二世に生まれて

私は 1946 年 9 月、東京の荒川区生まれの在日韓国人二世です。7 人兄弟・姉妹の長男です。

　私よりも先に生まれながら、私が生まれる前に亡くなってしまった姉がいました。親にしてみれば、私は無事に育った初めての子どもでしょう。しかも韓国人にとっては「腐っても鯛」と言われる待望の長男でした。過度な期待が当然あったし、それが物心ついた頃の私には相当の重荷に思われました。

　現在、満 76 歳です。荒川区と言えば、そこで暮らす同胞は済州道出身がたいへん多いです。高姓は梁、夫姓とともに済州道に多い苗字です。4300 年前に、天から三神人が降りてきて、その高乙那、梁乙那、夫乙那が済州道を作ったという神話があるような、そんなところです。

　初対面の同胞からは、たいてい「済州道出身ですか」と聞かれますが、故郷は慶尚南道宜寧郡嘉禮面中谷里です。

生まれ育ったところは同胞が多く住むような地域ではなく、日本人と在日が半々で暮らしていました。

　日本の敗戦で祖国は解放されましたが、1940年代の在日同胞の暮らしはほんとうに貧しかったです。日本中が貧しかった時代でした。

　両親と子ども９人の極貧生活だったけど、なんで朝鮮人に生まれたのか、どうしてこんなにひもじい思いをするんだ、といった不満があったわけではありません。当時は、うちだけじゃなく、周りの同胞も日本人家庭も、みんなそういう生活レベルだったからです。

　幼い頃の楽しかった思い出は、とにかく食べることに繋がります。みんな貧しかったけれど、どこの家庭に行ってもキムチはあるし、ナムルがありました。昼時になると「ご飯食べて行け」と声をかけられました。近所の仲間同士で食べた記憶は、今も頭の中に残っています。

　わいわいがやがや一緒に食べることが大好き

で、お祭り好きの韓民族ならではの習慣や食文化が、東京の下町の同胞の集落にも根付いていたよなあと思います。

韓国の朝の挨拶はアチム　モゴッソヨ（아침 먹었어요　朝ご飯食べましたか）です。

同胞と同じ釜の飯を食った記憶が仲間意識や同胞愛を育てましたが、それが在日として生きる意思を今日まで続けさせてきた原点じゃないかなあと思っています。

小学校、中学校は地元の朝鮮学校、高校は北区十条の朝鮮学校に通いました。ずっと民族学校で学んできたわけです。

アボジらの世代の多くはまともに日本語の読み書きもできず、日本のこともよく知らないまま渡って来ました。せめて子どもたちには朝鮮語を習わせたい、そういう素朴な気持ちから子どもを朝鮮学校に通わせたんじゃないかと思います。当時は朝鮮学校とは言わなくて、ウリハッキョ（私たちの学校）と呼んでいました。

自慢じゃないけど学校の成績は「優等」でした
よ。１クラス50人から60人で５クラスくらい
あったから一学年で約３００人の大所帯でした。
　それほど子どもに民族教育をさせたいと願う一
世が、うちの親だけでなく東京の下町にいっぱい
いたということです。

　幼い頃、アボジが一斗缶二つにホルモン（牛の
内臓肉）を入れて持って帰り、近所の日本の子ど
もらにも食べさせていたことがありました。まだ
ホルモンが世の中に出ていない頃で、子どもらは
喜んだけど、そのうち「あそこに行ったら何を食
べさせるかわからない」と噂され、日本の子ども
たちが近づかなくなりました。
　ほろ苦い思い出だけど、そのアボジは「この日
本社会で喧嘩でも勉強でも何でも、何をやっても
いいから日本人だけには負けるな」と耳にタコが
できるくらい言い続けていました。

第１話　在日韓国人二世に生まれて

新潟港に入港中の北朝鮮の貨客船「万景峰号」を見学した
中学3年の就学旅行（2列目が高炳佑、1列目右は医師の息子
で北朝鮮に「帰国」後、殺されたという）

　私が小学校に通っている頃は、まだ朝鮮学校の
中学校はなく、東京都内で中学校をつくろうとい
う父兄らの機運が芽生えました。荒川でもその動
きが起きたんです。

　新しい学校を建てるんだって息巻いて、自分ら
も少しでも寄付しようと考えました。古い学校を
解体した時に出るスクラップや鉄筋の廃材なんか
を、初級学校の3年生から上の子どもらが自分ら

高校2年時のキャンプ。複雑な家庭環境と親に反発して朝鮮大学校の教員になった者もいる（2列目左が高炳佑）

で折り曲げて、日本人がやっている鉄くず屋に持って行って売りました。それを新学校の建設資金に充てたんです。今思えばバカみたいなこともやったと思うけど、子ども心にも必死だったんだと思います。

　当時の一世たちと朝鮮学校挙げての熱意が実を結んで、私は荒川第一朝鮮小中級学校の第1期生

第1話　在日韓国人二世に生まれて

になりました。

　高校からは地元を離れ、板橋区十条の朝鮮高級学校に行きました。当時は寮生活だったので、日本の各地から同世代の子らがたくさん集まって来ました。500人くらいいたんじゃないかと思います。

　同じ同胞と言っても、育った地域によってずいぶん差があるというか、お互いが違って見えました。高校生の感覚だとその違いが許せないというか、どっちが強いか、誇示したかったんだろうね。よく喧嘩しました。関東対関西という感じでやってました。

　同級生には後に『コリア・レポート』で北朝鮮や南北韓問題をテレビで解説するようになった辺真一氏がいます。今の民団東京本部の李壽源団長は一つ後輩です。

　高校の修学旅行先は新潟でした。私は中学の時も新潟に万景峰号（マンギョンボンホ）を見に行ったことがあったので、「何でまた新潟なのか。意

味ないだろう」と担任の先生に反発したんです。すると、学年単位で「高炳佑批判会」があり、お前には卒業証書をやらないぞと脅されました。

　そんなものはいらないと突っぱねたけど、結局、卒業式が終わってクラス仲間と食事をした時に卒業証書をもらった記憶があります。

　高校を卒業して社会人になる 30 歳くらいまでその荒川で暮らしました。

第2話
アボジとオモニ

アボジの名前は高守賛（コ・スチャン）。とにかく負けず嫌いの人でしたよ。自分ができなかったことや自分の夢を子どもに託したいという気持ちが強かったんだと思います。

　漫画の『巨人の星』の星一徹が、果たせなかった夢を飛雄馬に託したように。在日の親に限らず、親というのはみんなそうだと思います。

　アボジの仕事はくず鉄業（スクラップ屋）でした。在日一世にありがちな肉体労働ですね。学がないし、字もまともに読めなかったから運転免許が取れず、大八車一つでくず鉄を集め、荷台に積んで運んでいました。多い時には一日1トンくらい運んだこともある。それで、ついたあだ名が「牛」でした。

　私が中学1年生のある日、坂の下で途方に暮れて私が帰って来るのを待っているアボジを見つけました。くず鉄満載の大八車を一人で押し上げることができないでいたんです。一緒に大八車を押して帰ってきたことが何度もありました。

　恥ずかしいという気持ちよりも、一人でよく頑張るなあと感心したものです。

　くず鉄を地元のスクラップ問屋に収めてわずかな収入を得る。雨が続けば仕事もないし、仕事もできない。その日暮らしと言ってもいい生活で、アボジのストレスは相当たまっていたと思います。このアボジがオモニの朱徳南（チュ・ドゥナム）を殴るのは日常茶飯事のことでした。

　今思えば、当時のアボジ、オモニらには何の楽

28歳のアボジ、和歌山国民職業指導所長の許可を得ている

しみもなかったんです。仕事をして、後は酒を飲むしかない。オモニに愚痴を言っても、オモニもそれを受け止める包容力がないし、余裕もなかった。

　読み書きができず学がないアボジが、手っ取り早く自分の怒りや感情を訴える手段が暴力だったんです。

　声が良く、韓国民謡『陽山道』を歌わしたら天下一品だったと言われたアボジは、韓国の伝統芸

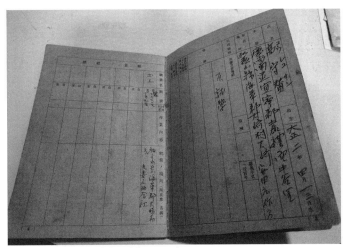

海草郡の丸善石油会社で働いていた

能サムルノリのチャンゴ、チンもできました。

　その道を生かしてほしかった。私も女房ともめると、３回に１回は手を挙げそうになるけれど、それをやるかやらないかの差だと思う。

　オモニに暴力を振るうアボジは一方的に悪い、そういうふうに私はアボジを断罪することができないんですよ。

　私の酒もアボジ譲りで強いと思う。仲間と一緒に呑む雰囲気が好きで、わいわいがやがや愉快に

呑みます。声も良いと言われるが、カラオケに行くほどではない。勧められれば韓国の歌であれ日本の歌であれなんでも歌うけどね。

　今年1月に、在日の私らに理解があった日本の友人が亡くなりました。趣味がカラオケで自分のＣＤを作ったほどの男です。忘れた頃にそれを聞いて故人を懐かしむことがあります。

　在日二世は学校に行き社会勉強もしたから、自制が効くように思う。一世は文字も言葉も習慣も何も知らずに日本に来て、子どもらを食べさせるために何でもやりました。

　今の時代の私らのように映画を観に行ったり、ゴルフを楽しんだりするようなことは知りませんでした。不条理としか言いようがない、どうしようもない怒りを酒にぶつけ、目の前の女房を叩くことで終わったんです。

　オモニは、今日のご飯をどうしようとか、明日のおかずは何にするかとか、その日暮らしの中でため息ばかりついていました。儒教の教えが色濃

生前のアボジとオモニ

く残る一世同士の両親です。二人には接点がなく、会話もかみ合わなかったのではなかったかと思います。そんな窒息しそうな家だったけど、家出しようと思ったことはありません。飛び出せばオモニが困るし、アボジがもっと困ることを肌で感じていたんだと思います。

ワンマンだったアボジが 1991 年 7 月に亡くなりました。チェサ（祭祀）を執り行った時に、「これからは兄弟仲良く私がまとめるから安心してくれ」と長男としての誓いを立てました。

　アボジの死後、20 年以上経った 2014 年 1 月に、オモニが他界しました。

　納骨の日はみぞれが降っていて、家から墓まで約 15 キロの道のりを、私は一人で歩きました。お坊さんと兄弟とは 11 時に霊園で会う約束でした。

　私は何を思ったのか、リュックを買い、それを背負って歩いたんです。幼い頃、私を負ぶって歩いたオモニの記憶がそうさせたと思います。そうとしか思いようがないんです。

　霊園に着いたのは 10 時半で、約束よりも少し早かったんです。隣に、生前オモニが好きだったパチンコの店がありました。

　「オモニ、パチンコやろうか」と呟いて私は店に入りました。なんと言うか、それが最初で最後の親孝行だったんです。

オモニは亡くなるまで日本語がまともにできなかったんです。歯医者に行くのに「保険証」という言葉が出てこない。付き添う女房に「ほうれんそう、ほうれんそう」と連呼していました。
　秋になるとコオロギが家の中に入り込んでしきりに鳴く。オモニは「コロッケが鳴いている」と言っていました。

　両親が亡くなった後、何年かはチェサをやり、兄弟らが集まって、わいわいがやがやするのが好きだった両親のことを考えました。こういう時、アボジだったら、オモニだったらどうするだろうか。
　両親に捧げる韓国式のチェサは孫の世代には薄れています。ただ堅苦しいだけで、早く終わればいいくらいのやっつけ行事になってしまっていると感じています。食事の準備をする女性陣の大変さも傍で見ていて気の毒に思います。
　それで「もうチェサは止めて、オモニが亡くなっ

た１月には兄弟姉妹で新年会を開こう」と兄弟に
提案しました。八王子や品川に住む姉らもみんな
賛成してくれました。

　兄弟そろって両親の墓参りをした後に子どもや
孫らみんな集めて焼肉屋を借り切って食事会をす
る。
　アボジが亡くなった７月にはバーベキュー。肉

左から三女の祐、長女の伴侶の中西英樹、孫の浬菜、長女の千恵、孫の夏菜、妻の明美

屋で仕入れた肉を私が下処理する。女房が人数分のユッケジャンスープを作る。それが一族の習わしになりました。もう 10 年以上続いています。

　でもそれだけで終わらせたくない。せっかく兄弟、甥っ子、姪っ子が集まるのだから、記憶に残る集まりにしたい。

　新年会の時にはお年玉とは別に、大きな瓶にた

めた５、６万円の小銭のつかみ取り大会をする。甥や姪が相手だけど、妹も仲間に入れろと騒いだります。一番多く取った子にはダブルで賞金を与えるんです。

　７月は近所の小川でザリガニ捕り大会です。これにも賞金を出すので孫は大喜びです。一年毎の家族の再会が楽しみになりますね。

　そういう一家団欒の雰囲気の中で家族、親族の絆を大切にするんです。それが両親の記憶を失わないことになるし、供養にもなる。それを孫らがどう受け止めてくれるか、ということです。

　私が死んだ後も兄弟や子どもらが一族の絆を保つことを続けるか、田んぼの案山子のように何もせずにただ突っ立っているだけか。こればかりは私が長男だからといって強制はできません。

　今年の民団千葉県本部の新年会には、長女・千恵が高校生の娘・涅菜とチマチョゴリ姿で出席しました。家族の絆をつなぐ、その晴れ姿を写真に収めました。

民団の新年会で高家三代の晴れ姿
（左から孫の浬菜、長女の千恵、炳佑と妻の明美）

第2話　アボジとオモニ

第3話
総連の帰国事業と民団の墓参事業

高校卒業までは曲がりなりにも朝鮮学校の側に
いたけれど、いわゆるあからさまな「反日教育」
はなかったです。

　金日成が日本帝国主義（日帝）と戦った『パル
チザン回想記』というものがあって、それを随分
教え込まれた記憶はあります。朝鮮総連（総連）
の教育方針とか朝鮮学校の生徒指導方針とか、今
思えば間違った教育をされてきたと思います。

　地元の成田市と韓国仁川市とのサッカー交流を
20 年以上も続けてきましたが、日本人との親善
交流をするにしても個人ではなく、どこかの団体
に所属して運動しなければならないのではないか
とずっと感じてきました。個人的な付き合いでは
限界があるし、広がりがなかったんです。

　そこで思い立ったのが民団でした。今から 15
〜 16 年前のことです。とはいえ、総連指導下の
朝鮮学校で学んだ私にとって、民団の敷居は高い
ものでした。

民団と総連の関係が決定的にまずくなったのは朝鮮戦争からだと言っていいと思う。1950年のことで、当時私はまだ４歳だったから記憶はまったくありません。

　国同士が戦うのが戦争で、朝鮮国内の紛争だったから、当時は「朝鮮動乱」と言っていたんだと後から知りました。

　総連は北朝鮮を「地上の楽園」と呼び、北朝鮮への帰還を「帰国事業」と言って讃えていました。民団はそれに猛反対して、北に送り込むのだから「北送事業」と呼びました。二つの組織が組織の命運をかけて争う闘いになりました。

　総連は「帰国事業」を「正義と人道主義の勝利」だと言って推進しました。韓国の李承晩大統領は「日本は韓国人を共産主義の奴隷に追い込もうとしている」と非難しました。韓国政府の立場を支持した民団は、「帰国船」が待つ新潟に向かう列車を止めるために、線路に寝転ぶという実力行使

に出たんです。

──解説と時代背景（p136）参照

　朝鮮学校の私の同級生も相当数が北朝鮮に帰りました。帰った連中から手紙が来たのは最初のうちだけでした。

　「タバコのピースを吸いたい」とか、「学生服の古い物でもいいから送ってくれ」などと書いてありました。「地上の楽園」にいるのに何を言っているんだと私は反発しました。

　同級生だった作家の息子が帰国第１船で帰りました。梁チョンイというとても頭がよかった同級生も第２船で帰っています。あの当時は、総連幹部が民団の同胞家庭までやって来て、北朝鮮行きを勧めていたんです。この日本では夢も希望も持てなかった同胞にとって、帰国熱が盛り上がるのも無理のないことだったんです。

　総連幹部は、「こんな日本で苦労するより何でもそろう不自由のない北に帰ったほうがいい。扇風機も冷蔵庫もある」と説得していました。自分

らは帰らないくせに何を言ってるんだ、とこれにも反発しました。

　私の家でも一家で北朝鮮に帰ろうかという話が出ました。実は私も第5船（63年）で帰るつもりでしたが、民団に所属していたアボジが反対したので行けなかったんです。

　63年と言えば北送事業が始まって5年目で、最初の59年の第1船が2942人、60年の第2船が49036人でピークを迎え、61年の第3船の22801人を境に「帰国熱」は下がっていったんです。62年の「帰国者」は3497人でした（『北朝鮮帰国者問題の歴史と課題』新幹社）。

　今も忘れられないことがあります。千葉のトンネル工事現場の上に建てられたプレハブに幼い二人姉妹が住んでいたんです。その子らには両親がいなかった。交通事故で亡くなったという話でした。中学1年生の姉と、私の長女の同級生だった小学3年生の妹に総連が目をつけて、「地上の楽

園に帰ろう」と北送運動に巻き込みました。

　身寄りが無く、身元保証人のような者もいなかったと思います。北朝鮮に送られました。あの頃、私に力があったなら、と思います。今の私の立場だったらその子らを引き取ることができたかもしれないと思うと慚愧に耐えません。

　次女は最初から日本の学校に入れました。総連に対する怒りが引き金になったと思います。

　1965年の日韓会談の頃、私は朝鮮学校を卒業したばかりの19歳でした。今から考えると間違った考え方でしたが、「韓国は国を売るのか」と怒りました。その歳なりの愛国心だったことはよく覚えています。

　総連一辺倒だった私が民団を意識したのは、朝鮮学校時代に知った「墓参団」事業でした。朝鮮籍のまま、なんの制限もなく韓国に行って来られるという民団の活動はやっぱり画期的だったんです。

1961年（昭和36年）当時の朝鮮総連の花見。
高炳佑は中学3年生だった

　在日同胞の9割以上が38度線の南の出身でし
た。歳をとるとともに高まる「死ぬまでに一度は
故郷に帰りたい」という思いを叶えてあげたい。
1回きりの臨時パスポートだったけど、故郷を訪
ねることができるというのが「墓参団」事業でし
た。韓国政府と民団が一緒にやった人道的な仕事
です。朝鮮総連は、組織を切り崩すための民団の
策動だと猛反発しました。

──解説と時代背景（p137）参照

第3話　総連の帰国事業と民団の墓参事業

私もその事業で25歳頃（1972年）に初めて韓国に行きました。総連の言ってきたことが嘘だとわかって、よくも騙してきたもんだと思いました。

　高校の同級生で当時民団千葉県本部の監察委員長だった人に電話して、「どこに入ればいいのか、どこに電話すればいいのか」と尋ねました。

　紹介されたのが成田支部で、事務所を訪ね、民団成田支部に入団しました。支部の新年会にも出席しました。

　民団も総連も同じ韓（朝鮮）半島の在日同胞だから仲良くしようという声を聞きます。だけど総連は、「地上の楽園」だと騙して私の同級生を含む約9万3千人を北朝鮮に送りました。その中には1800人以上の日本人妻もいるんです。

　今も彼らは生きているのか、食うや食わずの生活を強いられているのではないのか。北に帰る友を「愛国心」で見送るように仕向けた13年間の朝鮮学校の教育は間違っていました。その過ちを

擁護するのか、反対するのか…。

　私にすれば、仲良くできるのは総連が日本人拉致問題と北送問題を解決してからのことです。同胞に対して散々『愚民化教育』をしておいて、謝罪もせず自分らで解決する力もなく、何もしないで何を言うか、ふざけるなというのが正直な気持ちなんです。

　アボジは「天地も知らずに勝手なことを言うな」とよく言っていました。

　サッカーの韓日交流で江原道に行く機会がありました。江原道は南北にまたがっています。観光スポット化した展望台からは北の大地を望むことができます。北朝鮮との38度線軍事境界線には「南方限界線　非武装地帯　立ち入り禁止」の看板があります。

　その空に丹頂鶴が飛ぶのを見ました。国境を越えて自由に飛ぶ鳥がいる。すぐに脳裏に浮かんだのが『イムジン河』という歌でした。日本語訳の

歌詞はこうです。

　　　イムジン河　水清く　とうとうと流る
　　　水鳥自由にむらがり飛びかうよ
　　　我が祖国南の地　おもいははるか
　　　イムジン河水清く　とうとうと流る

　　　北の大地から南の空へ
　　　飛びゆく鳥よ　自由の使者よ
　　　誰が祖国を二つに分けてしまったの
　　　誰が祖国を分けてしまったの

　　　イムジン河　空遠く
　　　虹よかかっておくれ
　　　河よおもいを伝えておくれ
　　　ふるさとをいつまでも
　　　忘れはしない
　　　イムジン河　水清く　とうとうと流る

　　『イムジン河』は北朝鮮でつくられた歌です。

38度線近く江原道を自由に飛び交う丹頂鶴

日本ではザ・フォーク・クルセダーズが発売しようとしたら、総連からの抗議で発売中止に追い込まれたそうです。南北分断は日本の音楽業界にも影を落としたんですね。

　　＊作曲者の出身国名をレコードに明記せよというのが総連の主張だったと言われるが、当時の北朝鮮は国際社会で認められていなかったこともあり、レコード会社が政治問題を回避したという話があります。

　この歌は、映画『パッチギ』でも使われましたよね。京都を舞台にした日本と朝鮮学校生との葛藤を描いた映画です。

日本で生きる在日二世にとって、祖国の統一問題は決して他人事ではないんです。南北が平和統一したら真っ先に同級生の安否を確認したいし、生きていたら彼らを抱きしめ失われた半世紀を慰めてやりたいと思う。

　４、５年前に朝鮮学校の同級生４、５人で食事会を開きました。その中に総連の幹部が一人いました。民団の私とは正反対の立場です。
　みんなの前で文在寅（ムン・ジェイン）大統領をべた褒めしたので、「北朝鮮を評価する大統領がそれほどありがたいのか」と言うと黙りました。場が一気に気まずくなって、とんだ再会になってしまいました。

――解説と時代背景（p135）参照

第4話
サッカーとの出会いと交流

サッカーとの出会いは小学３年生の時です。中学校ではサッカー部に所属していたけれど、高校でリタイアしました。サッカーは私にとってただ一つの楽しみと言ってもいいです。

　社会人になって、地域のスポーツ少年団の指導員募集があったので応募し、八街市で12年間指導員として子どもたちにサッカーを教えました。それで市からスポーツ振興功労賞をいただきました。

　その頃の教え子の一人の浅羽君は、私立千葉黎明高校でサッカー部の監督をやっています。国語の教師として教壇に立ちながら、サッカー強豪校がひしめく千葉県でサッカーの指導をしています。後継者ができたようでとても嬉しい。私の宝物です。

————浅羽良則教諭の回想とエピソード—

　サッカーの原点は小学生の頃。１年生から６年生まで八街市の交進ＦＣチームで高炳佑からサッカーを教わった。

初めて会った時の印象はただのおじさんだったが、サッカーボールを前にすると人が変わったと言う。やんちゃだった浅羽少年が調子に乗ってふざけると怒られた。

　怖いと言うよりも、言葉使いや目上に対する礼儀などの躾の面には厳しい大人だった。だが、サッカーを始めると遊具を使ってジグザクに走るステップワークトレーニングなど、子どもたちを飽きさせない工夫を凝らしていた。根っからのサッカー好きが子どもたちにも伝わった。

　高炳佑は日常生活では高山を名乗っていて、浅羽教諭には今も高山コーチで通っている。小学校を卒業後は会う機会がなかったが、長男が生まれた病院でばったり再会した。聞けば孫が同じ病院で生まれたとか。

　今年の民団千葉県本部の新年会に招かれた。大人になって「在日」の存在を知った浅羽教諭は高炳佑という一人の在日を通して在日にまつわる様々なことがわかるようになった。

第４話　サッカーとの出会いと交流

　壇上で挨拶する高山コーチはただのおじさんではなく、在日韓国人の代表者だった。いろんな経験を積み上げてきた人材であり、人格者であるからこそ千葉県の在日社会のトップになった。誰でもできる仕事ではない。高炳佑の立ち位置がよくわかったと話す。

仁川サッカー協会からプレゼントされた「走る、蹴る高炳佑選手」

　高炳佑の面倒見の良さ、人を大切にするエピソードとして紹介するのはやはりサッカーのこと。

　韓国の小学生、中学生の少年サッカーチームＭＦＣが 2014 年 8 月に遠征で千葉に来たことがある。担当の一人が浅羽教諭だった

が、のっぴきならない事情でどうしてもスケジュール調整ができなくなった。韓国語ができないという言葉の壁もあった。困り果てた先生の代理を務めたのが高炳佑だった。

韓国チームと宿所に3泊4日寝泊まりし、選手の身の周りのお世話から滞在期間の生活の面倒を全部見てくれた。韓国チームでなくても高コーチだったら引き受けてくれたはずだと確信している。

その一件以来定期的に高炳佑から連絡が来るようになった。浅羽教諭が小学生の時からずっとサッカーに携わっていることを我が子のように喜んでくれる。高山コーチのことを語る先生も目を細める。

70代半ばを過ぎた今もグランドを走り続ける恩師。「その年代で現役のサッカー選手として居続ける人はまれ。全国的に見たこともないし、聞いたこともない」。無類のサッカー好きは折り紙付き。

訪韓時によく利用するのは成田空港。成田市と仁川市は98年に「友好交流推進合意書」を締結しています。これは、互いにアジア有数の空港があるということでそうなりました。

　成田と仁川のサッカー協会は、99年から隔年でサッカー大会を開催しています。23年間交流を続けています。私は成田市サッカー協会事務局の渉外企画副委員長として通訳を担当しています。

　これまで3回、大会が中断したことがあります。08年の日本の教科書問題、12年の仁川の台風被害、そして14年4月16日に起きた韓国のセウォル号事故です。喪に服すという理由で、韓国の選手団が急きょ来られなくなりました。

　成田市サッカー協会の宇野雅人理事（当時）が、「中止になったのなら自費で自分らが韓国に行こうよ。20人くらい行けば公式試合ではなくても試合ができる」と言って呼びかけて、訪韓が実現

　しました。
　　成田市側は韓国と日本の選手が握手しているＴ
シャツを100枚準備しました。50枚を仁川のサッ
カー協会に渡し、残りの50枚は、日本から連れ
て行ったサッカー少年たちに着せて仁川空港に降
りたち、大歓迎を受けました。
　　交流を続けてきた両国のサッカー関係者は、今
はもう家族のようなものです。下支えできること
が、私にとって何にも代えられない幸せです。

　なかでも仁川市中区の曹南國（チョ・ナムグッ）少年サッカー監督との縁は20年以上も続いています。きっかけは今から23年くらい前のことで、成田市サッカー協会の宇野雅人役員（現会長）が、サッカー交流ができるクラブをパソコンで探したところ仁川のチームが出てきたんです。担当窓口が曹監督でした。

　交流当初はお互いに手弁当でしたが、実績がも

韓国・仁川サッカー協会の曺南國監督夫妻（中央）のグランド結婚式に成田サッカー協会の宇野雅人（現会長、右から３人目）と出席した高炳佑（左から２人目）。右から２人目は金斗太仁川サッカー協会初代会長

のを言い、後に行政同士の交流に発展しました。私は宇野会長と韓国総領事館を訪れ、この間の経緯を説明しました。今では「千葉韓国民団団長杯日韓親善サッカー大会」に冠が変わりました。

　韓日のサッカー交流の架け橋になった曺監督の夢がグランドで結婚式を挙げることでした。その結婚式の知らせが届き、宇野役員とサプライズ出

2022年10月、韓国・江原道で開かれた全国少年サッカー大会に曺南國監督を訪ねて行った（上から2段目右端が高炳佑、最上段右端が曺南國監督）

席したこともあります。

　22年10月、韓民族共同体の繁栄を論議し、「グローバル・コリアン」を目指す世界韓人会長大会が仁川で開かれました。私は大会後に曺監督に会いに行きました。全国大会が江原道で開かれるというのでそこにも同行しました。

　すると成田チームのユニホーム「成田キッカーズ（NK）」を着た私に地元のスポーツテレビが

第4話　サッカーとの出会いと交流

全国大会のグランドで地元マスコミのインタビューを受ける

インタビューを申し込んできたんです。仁川と成田の20年以上のサッカー交流・親善について語る内容でした。

　曹監督が手を回したことは明らかでしたが、その記事が出るとお忍びで訪韓していることがバレてしまいました。「なぜ韓国に来ているのに連絡しないのだ」と何人かからおしかりを受けました。曹監督の成田市との交流は私だけではないです。

　もう20数年来の親友になっている成田市の飯島照明議員に「仁川と交流ができないか」と持ち

掛けました。飯島市議が快諾し、今年の夏に仁川から25人ほどのサッカー少年が来日して、ホームステイをしながら交流する日程調整をしています。

　サッカー交流は、韓国だけではないんです。南米の人たちとも、和が広がっています。
　ペルーの子どもたちの祭りでは、家の天井からつるした化粧袋の中にお菓子が入っています。それを子どもたちが割るんです。なかなか袋に届かないが、何とか割る。そういうホームパーティに夫婦で呼ばれ南米料理をごちそうになりました。
　呼ばれたらお返しに彼らを招きます。招待するとビールとワインを持ってきた。
　ビールは男が飲み、ワインは男らから少し離れた所で女の人が飲む。なぜ彼女らがワインを飲むかと聞くと、「こんな時しか旦那の悪口を言う機会がない」と言う。そういう井戸端会議のような風習があることがわかりました。

女房に「何かつまみはないか」と聞いたら冷蔵に豚足がありました。甘辛く煮た豚足を出したら、「なぜペルー料理を知っているのか」と驚かれました。

　ペルー人も食べるのかと、こっちも驚いたけれど、まさに豚足が繋いだ国際交流です。場が大いに沸きました。

　アルゼンチンの人は肉の塊をただひたすら塩コショウで焼くんです。レアがいいか、ミディアムがいいか、わいわい言いながら肉の表面や裏を焼いて肉がなくなったらパーティは終わりです。肉がある限り、パーティは延々と続くんです。

　ブラジル人は紙皿に草履みたいなバカでかいステーキをどんと載せて、ほうれん草を添えて食べながら延々と乾杯する。一晩中サルサの音楽をかけて楽しみます。

　サッカーは、金が無い者もある者も楽しめるスポーツです。貧しかった私にもボールを蹴る機会は与えられました。

例えば2時間前に喧嘩した連中にサッカーボールを渡すと、またボール一つで喧嘩になるけど、試合後はボール一つで仲良くなれる。だから「サッカー人口」というものが世界にあるんだと思います。

　サッカーは、戦火に追われる地域でも、ボール一つで味方も敵もゲームを楽しむスポーツです。

　スポーツは平和にとって大事です。関係が冷え込んだと言われる日韓関係にしても、言葉でああだこうだ言うよりもサッカーで交流しようと言えばいい。その音頭を取る人を、私たちがサポートすればいい。それをやるかやらないか。決して難しいことではないんです。私らでも20年以上続けてきたのだから。

　サッカー交流を5年続けていると、他人の関係だった者が世間話をする友人に変わる。5年以上になると互いの内面をさらすチング（友達）になり、10年以上になると何でも相談できる兄弟、家族の関係になる。

私は今もほぼ毎週、サッカーの試合に出ています。58 歳以上の者で構成するチームで前後半 20分だけど、私と同年代の選手はごくわずかです。

　「高山さん、その歳になってこれほど動いたり、走ることができるなんて、あんたは怪物だ。一体何を食べてそんなに元気なんだ」と仲間からよく言われます。

　日本に渡って来た在日一世は、食べる物も満足にない中で、子どもらには何とか栄養がある物を食べさせようと苦労しました。日本人が食べなかったホルモン（放るもん）を食べさせた。それが今の体づくりの基本にあるのじゃないかと思っています。

　私は死ぬまで現役でいたいと思う。だけど走れなくなったら自分から辞退します。ユニホームを脱ぎます。走れないのにピッチに立つのはチームに迷惑がかかります。フォー・ザ・チームの気持ちを忘れてはならないんです。

子どもらにサッカーを教えていた頃、「汗は毒だ。走れ、走って体の中の毒を一度出せ」と口を酸っぱく言いました。子どもらがミスをしても、決して否定するような言葉を使いません。

　「いいね。もう少し工夫するともっといいよ」と褒めるんです。褒められると子どもは天にも昇る気持ちになるんです。最初から駄目だと言うと子どもは伸びない。それが私の指導方針でした。

　家でも学校でもグランドでも、子どもは叱られてばかりいる。それは叱る側、つまり大人たちが自分のストレスを子どもらにぶつけているだけだと、私は思う。

　体罰を容認してきた「根性論」や勝つことばかりを追いかけていては、子どもらの体も心ももちません。

　Ｊリーグで活躍している選手に同級生の孫がいます。「100メートルはいらない。10メートルダッシュができる瞬発力が大事だ」と教えて、坂道ダッシュで鍛えました。

今でこそＪリーグから世界に進出する選手が増えましたが、91年11月の設立の頃には世界との壁は厚かった。

　それで子どもらの親に言ったんです。「Ｊリーグを見せてもプラスにならないよ。一流にさせたいならスカパーで海外選手のプレーを見せるべきだ」とね。

　実力のある選手が海外で次々にデビューし、レベルの高い選手の中で揉まれながら技術力を高めています。実力を上げてきたことが嬉しくてたまりません。

　パスをつなぐサッカーでないと世界に通用しません。体力勝負では韓国が勝つけれど、細かい技術を学ばないと今の日本には追い付かない。今の韓国サッカーには注文があります。

第5話

仕事と結婚、女房、子ども

私は高校卒業後、アボジ（父親）のスクラップ
屋（鉄くず業）の仕事を引き継ぎました。ところ
が取引先の会社が倒産したんです。その会社の仕
事で生活していたようなものだったから、目の前
が真っ暗になりました。
　毎日仕事があるわけでもなく、スクラップ業を
やりながらチリ紙交換もやりました。18歳の時
のことです。一人でやるのは恥ずかしいから同級
生を誘って1年くらいやりました。
　チリ紙交換という仕事が世の中に出始めた頃だ
から小銭を儲けました。

　だけど若かったから、次のために残しておこう
という考えはまったくなかったんです。
　20歳前後は何とか生活基盤をつくらなければ
ならないという思いはあったけど、次から次へと
いろんな仕事を転々とした時期でした。とび職も
やりましたよ。
　アボジからは長男だから早く身を固めろと口
酸っぱく言われたけれど、生活基盤がないのに結

1979年5月、南房総の仁右衛門島をデートした
炳佑32歳、明美28歳

婚なんかできないと思っていました。

　結婚したのは42歳を過ぎてからです。浅草で
知り合った日本人の桐谷明美です。親は反対。彼
女のほうも韓日の風習の違いに、相当違和感があ
たと思う。結婚した後に韓国籍を取りました。
　ところが、元日本国籍の日本人に、日本は難民
法を適用しました。そんな扱いがあるのかと初め
て知りました。多くの在日のように「協定永住」
ではなく、「一般永住」の適用だったんです。法

第5話　仕事と結婚、女房、子ども

務局で一年ごとの切り替えです。私は法務局の役人に文句を言ったことがあります。

「私は在日外国人で『特例永住』という扱いをされるのは理解するが、韓国籍を取った元日本人をあなたたちはどう思って難民と同じように扱うのか」と…。

とび職をしていた頃、「仕事がないならうちに来いよ」と言ってくれた槍田重男という社長がいました。私より二つ年上です。頑張ってもダメなものはダメだと思っていた頃です。もう仕事を辞めると最後の挨拶に行ったこともあります。

今から12年くらい前に仕事で使うトラックが盗まれました。それで220万円のお金を銀行から借りようとしたけれど、書類提出が煩雑でどうなるかわかりません。

「銀行はどうなった」と槍田社長が聞くので、「厳しい」と答えました。社長は「銀行はやめて、明後日うちに来な」と言いました。その日に事務所に行くとお金がちゃんと用意されていたんです。

「愛車」の前で労働者の顔を見せる高炳佑

　目の前の大金もありがたかったけれど、落ち込んでいた私にとって社長の気持ちがどれほどの力になったことか。今でも忘れません。

　新しいトラックを買ってからというもの、仕事は上向きになっていきました。社長は「やっと仕事が動き出したな」と喜んでくれました。

檜田社長には今もお世話になっています。政界との人脈も太い人です。

　どうやって恩返ししたらいいのかわからないけれど、仕事が軌道に乗って順調だと話に行くと、自分のことのように喜んでくれます。

　檜田社長との出会いは30代の後半でした。在日の身内の叔父さんの伝で市原の手前の八幡宿で小さな焼き鳥屋をやっていた頃でした。店を出すのに総連系の朝銀で60万円を借りました。

　居抜きで店を借りたのは良かったけれど、アパートを借りるお金がなかったんです。2カ月くらいアパートを借りようと必死でした。線路の傍にあったその店で焼き鳥を売り、洗い物をして終わるのが午前1時半。

　店で寝るんだけれど、線路の枕木まで3、4メートルくらいしかないんです。始発電車が4時半か5時に通る。寝不足の日々に悩まされたけれど、3カ月目でやっとアパートを借りることができました。

檜田社長はその時のお客さんでした。スクラップ建設に従事していて、「そんなに頑張っているんなら、うちの若い衆を連れて来るよ」と言ってくれて、親身になって応援してくれたんです。
　その支えが今日の私の基礎を作ったと言ってもいいほどです。

　何とか早く親孝行をしなければと思っていました。仕事を転々とし、引っ越しを繰り返しました。今の家は 11 軒目でようやく落ち着きました。
　ほんとうに旅芸人のような暮らして、まだまだ仕事が安定していないうちに、娘３人が生まれた。娘３人は全部出生地が違うんです。上の娘は浅草で生まれ、真ん中は山梨、一番下が千葉で生まれました。

　子どもらは学校を何度も転校しましたが、特に不満は言わなかったと思います。長女の千恵は小学３年生まで千葉の検見川にある朝鮮学校に通わせました。昔の朝鮮学校とは違うからと言われて

３人の娘と42歳の炳佑（奥左・３歳の３女の佑、
手前・長女小１の千恵、奥右・次女幼稚園年中の末紀）

入学させましたが、教室には私の時代と同じよう
に金日成（キム・イルソン）の写真が飾ってあり
ました。教室に張り出された宣伝物も金日成ばっ
かりでした。「すぐに学校をやめさせるから転校
手続きに入れ」と校長に迫りました。

　だけど１年延ばされました。拉致されているよ
うなものです。１年後に日本の学校に転校したけ
れど、１年早ければもっと学力がついたと思う。
大学に行くことができたかもしれないと、本人も

大人になってからそう言いました。

　子どもらに一番苦労をかけたのは、長女が高校
２年の頃でした。

　弁当を持たせるのに家には米がなかったんで
す。仕方がないから具のないすいとん（水団）を
持たせました。すいとんと言っても若い人にはわ
からないと思います。食糧事情が悪かった戦争中
から戦後にかけて、米の代わりに食べていた代用
食です。それを戦後 20 年以上も後の世代の娘に
渡しました。だけど、娘がお昼に食べようとした
ら、うどん粉が全部固まって団子になっていたん
です。

　こんな粗末な物を子どもに食べさせる親という
のは一体何なんだ。

　その時に感じた罪悪感が、今も後味悪く残って
います。今でもあの時のことを思うと涙が出てき
ます。

　真ん中の娘がスーパーマーケットについてき

て、何を買ってくれるかと期待しているのがわかります。レジで２３００円になった時に「お金が足りないからこれを戻して来いと」言ったことが何度もあります。

　どれだけ娘を落胆させたことか。どれだけ自分が情けなかったか…。

　スーパーの隣で仲間が焼き鳥屋を経営していました。お金を２、３千円借りに行くと、「まだ売り上げが出ていないからそこらあたりを一回りしてまた来てくれ」と言われたこともあります。

　まぐろの刺身を家族に食べさせたいけど、とても手が届かない。アラが20円から30円で売られていました。アラについている身をスプーンで削いで子どもらに食べさせました。まぐろの中落ちを使った高家のユッケです。

　米国産の牛肉ブロックを買って中の身を取り、胡麻とにんにくで女房が調理する牛肉版ユッケもある。子どもらは美味しく食べてくれました。

家族みんなでタケノコ掘りをして、おかずにしようと出かけたまでは良かったけれど、すでに掘られた後で、仕方がないから土筆を採って来て油で炒めて食べさせたこともあります。

　15センチの土筆というのは、もはや食い物じゃなく、縄のようなものでした。

　嫁に行った長女の千恵が「お父さん、一年に一度土筆を食べる日をつくろうよ」と言ったことがあるんです。何の嫌味もなく、素直にあの貧乏どん底時代を懐かしむような言い方でした。

────────────長女・千恵の回想─

　千恵はその頃のことをよく覚えている。高校生だった。父に仕事がなく、家には米もない。お弁当を買うお金もない。ホームレスすれすれの生活だった。

　同級生は女子高校生らしい可愛い弁当箱を持って来て、お昼時に自分らが好きなハンバーグや唐揚げなどで楽しいランチタイムを過ご

す。千恵の弁当箱に入った得体の知れない物を見て「何それ？」と聞く。すいとんは、ただのうどん粉になっていた。それでもクラスメートはおいしいと喜んで食べてくれた。

　我が家が貧しいのはよくわかっていたから食べる物があるだけでも幸せだと思っていた。ハルモニ（祖母）の世話をしていた母にわがままは一切言えなかった。何もなかったような顔をして空になった弁当箱を渡した。長女だから反抗できなかった。我慢をした。

　高校卒業後は大学に進学したいと思った。学校からも推薦入学の話があり、担任に相談しようかとも思ったが諦めた。このことは親には言えなかった。毎晩のようにお風呂で一人泣いていた。言いたいことが親に言えない。父も自分のことで精一杯だとわかるから…。

　高校2年から3年にかけてガソリンスタンドでバイトをして、月に8万円くらい稼いでいた。そのお金で教習所に通い就職前に免許を取った。勤め先が成田空港、旅行客のパス

ポートチェックが仕事だった。家から通うのに車が必要だった。父が当時乗っていたマークⅡを借りて朝4時に家を出る生活だった。月給の中から毎月家計の足しに3万円を出していた。

　ある日、車をぶつけて修理代に40万かかったことがある。父からはしばらく小言を言われた。生活が苦しかったからそれも仕方ないことだと思っている。

　自分の成人式には初のボーナスでレンタルの着物を借りたが、髪飾りまでは手が回らなかった。自分の娘にはちゃんと準備してあげようと思っている。

　父は今のスクラップ業だけでなく、千恵が覚えているだけでもラーメン店、工事現場の足場を運ぶ運送業、居酒屋などを渡り歩いた。単身赴任で市原市のプラント関係の仕事をしていたこともある。

　そういう父だから忍耐力はある。芯が強いと思っている。それを娘たちが引き継いだの

ではないか。

　日本人に嫁いでわかったことがある。それは高家と嫁いだ先の日本人家庭との生活の違いや世間とのずれだったりする。教えられていないから一般常識というものがわからない時がある。

　両親が一時期不仲だったことから来る人間不信のようなものが自分にも影響しているのではないか。友人との人間関係がうまくいかない時にそう思うことがある。

　自分が思春期に感じたマイナスの思いを二人の娘には味あわせたくないと思っている。ただ、日本に定着した韓流のせいか、チョゴリを着ると誇らしく感じる。自分の中にあった韓国に対する偏見が薄れていくようだと話す。

厳しい生活の毎日でしたが、「捨てる神あれば拾う神あり」を実感させてくれたのはやはりサッカー仲間です。

　サッカーチームの年会費５千円をやっと払える状態だった頃、義弟に「サッカーやっていて生活が成り立つのか」と言われたことがあります。情けなかったですね。

　役員の宇野さんに事情を話すと、「俺が高山の営業マンになってやる」と言ってくれました。

　今から１８年くらい前、５月の連休前でした。お金もなく、行くあてもなく家に女房と手持ち無沙汰でいると宇野さんから電話がかかり、「高山さん、解体の仕事をやるか」ということでした。

　聞けば、サッカー仲間の遠藤丈浩さん（遠藤興業社長）が請け負った、浦安の多目的運動公園の解体現場。すぐに作業服に着かえて飛んで行きました。今でも忘れません。

　ＩＴ関係の仕事をしている宇野さんは、会社から出る銅やアルミなどの非鉄金属くず回収の仕事を提供してくれただけでなく、サッカー仲間の会

今年高校3年生になった孫の夏菜が
小学3年生の時にくれたプレゼント

社にアピールして仕事を回してくれました。忘れ
られない仕事と仲間たちが、今日の私をつくって
くれたかけがえのない財産です。

　在日韓国人の父と日本人の母から生まれてきた
ことについて、娘たちはどう思ってきたんだろう
と思います。そのことを面と向かって聞いたこと
も、娘の方から言ってきたこともありません。

私が民団の団長やサッカー協会のボランティア
をしていることは知っているし、私もあえてそん
なことは聞きません。

　子どもたちには何もしてあげられなかったと
思っています。だから孫には何でもしてあげたい
と思っています。
　孫は３人です。長女の子どもが上から高校３年
生の女の子、中学３年の女の子。次女の子どもが
小学４年の男の子です。
　K-POP にはまった孫が韓国に興味を持ってい
ます。私に写メを送って来て「これ誰か知ってい
る？」と聞いてきたりします。私が日韓親善行事
で韓国に行く時には「誰々のグッズを買ってきて
くれ」と言ったりします。
　仁川のサッカー協会の役員にその話をすると、
残念ながら仁川には売っていないと言うので、ソ
ウルまで行って買ったことがあります。ウユク
リームという女の子に人気の化粧品を買うため
に、あっちこっち動き回りました。

孫は「おじいちゃん、ウユというのは牛乳のことだよ」と得意そうに私に教えてくれました。「へぇ〜、そうかい。物知りだね」と私も驚いて見せました。

　「孫は目に入れても痛くない」と聞いた時は何を言ってやがると思っていました。でも実際に孫ができると気持ちが変わります。

　娘らに苦労を掛けた分だけ、孫の面倒を見るのが幸せだと思う。周りの人に感謝しています。

　今年高校３年生になった孫の夏菜が小学３年生の時に「おじいちゃんいつまでも長生きしてね！」と刺繍したお守りをくれました。女房にも「おばあちゃん…」という同じ内容でした。

　孫からの敬老プレゼントでしたが、まだ70歳でしたから、「じいちゃん」とは呼ばせていなかったんです。「たかにい（兄）」と呼ばせていました。それは今も続いていて、娘もそう私を呼んでいます。

第 6 話

闘病

これは 1992 年 9 月のことですから、私が 41 歳の時でした。朝 5 時半頃、女房が子どもたちの食事の準備をしている時に突然台所で倒れました。救急車で運ばれた先の病院でクモ膜下出血だと診断されました。死に繋がる恐ろしい病気が 5 歳年下の女房を襲ったんです。

　不幸中の幸いで大事には至らなかったのですが、それ以来ずっと女房は体に爆弾を抱えているような状態です。多少のことではジタバタしないですが、さすがにその時は気が動転しました。

　妻の明美はこれまで救急搬送が 15 回以上、集中治療室にも 5 回入っています。エコー、人工心臓も 3 回くらい手術しました。2022 年には 1 週間も意識不明の状態でした。四つの心臓弁のうち三つが機能していなくて、二つ取り替えて一つは手術しました。

　緊急医療用ヘリコプターのドクターヘリに 2 度担ぎ込まれたことがあります。「3 回目は天国だな」と女房に悪態をついています。

サッカー練習場の学校には万一に備えてドクターヘリの
ヘリポートがある

　もともと心臓が悪いだけでなく腎臓も、とにか
く若い時から丈夫でなかったんです。

　韓日の風習の違いや韓国人家庭の長男の嫁とい
う立場が、女房の葛藤を大きなものにしたと思い
ます。同居している親との衝突は、これまで３回
ありました。
　「もうこれ以上あなたの親とは住めない。実家
に帰る」
　女房が長女を連れ、次女を負ぶって八街のバス

停で待っているのを２回見ました。１日にバスが
３回しか通らない田舎町。あの時にバスが頻繁に
来ていたら家庭はどうなっていただろうかと、今
も思います。

　親を取るか、女房を取るか。二者択一の選択を
迫られることもありましたが、何とか危機を乗り
越えてきました。
　二者択一は両親も女房も私も殺す。誰も生かさ
ない。ならばみんなが生きるために私が決断する
しかないという思いでした。

　結婚して 20 年間、「あの嫁は…」などと言わ
れていた女房ですが、20 年を過ぎてオモニが他
界する 10 年くらい前あたりから、オモニが私の
言うことを聞かなくなり、女房の話を聞いてくれ
るようになったんです。何につけても私を呼ばず
に嫁を呼ぶ。
　そういう風になっただけでも良かったと思いま
す。他の面でマイナスがあったとしても、これが

84

我が家の日韓親善ということです。

　考えてみたら、内でも外でも日韓親善を願うのは在日の性なんです。

　満身創痍の身で、普通なら病状がどんどん悪化するにつれて気力も落ちていくのに、女房は病気が治り、どんどん良くなってきました。それが不思議でしょうがないと言ったら罰が当たるけど。

　女房の実家に行くと、今はもう亡くなった義母が「あなたと結婚してうちの娘は助かった。あなたと結婚しなかったらとっくに死んでいた」とよく言われました。義兄弟からもそう言われます。

　「私もそう思うよ。自慢じゃないが、これこそまさに内助の功。ハハハ」と高笑いしています。

　そんな私にも大変な時期がありました。63歳で、横浜幸銀から１千万円借りて２年目の頃でした。返済ができてなくて経済的にも本当に不安定な時期に胃癌が見つかったんです。レベル４でリンパに転移していました。医者に全部取ってくれ

と言い、１週間入院しました。

　退院した翌日には、トラックに乗って仕事に取りかかりました。１週間のブランクを取り戻したかったんです。

　このまま借金を残して人に迷惑をかけたままでは絶対に死ねない。世の中に神がいるのなら、苦労して貧乏しても、病弱な女房をもらっても、私にしかできないことがあるはずだ。天を仰いで啖呵を切りました。

　抗がん剤を１年間服用しました。薬の副作用なのか、トラックを運転してカーブに差し掛かるとめまいがしたことがあります。運転中に嘔吐を繰り返したこともあります。

　そんな状態でも、退院して半月後のサッカーの試合に、まだ傷口が痛みましたが様子を見に出かけました。家にじっとしていても体がうずく、まさにサッカー馬鹿としか言いようがない。挙句に場の雰囲気を見て、後半戦だけでしたが出場する始末です。

1試合が終わり体調のことも気にしながら帰ろうとしたら、もう1試合あると言われました。仕方ねえと思いながら、涼しい顔をして2試合に出場しました。

　私が癌手術を受けたことを知っていたのは監督だけでした。後になってそのことを知った当時のキャプテンがのけぞったと聞きました。
　だから「あんたらは夫婦して化け物だ」とよく言われます。
　だけど「病は気から」です。私はその通りだと思いますよ。

　手術後は、胃が小さくなったために一度に多くは食べられなくなりました。医者の指示は1日6間食でした。朝食、昼食、夕食の間に1食ずつ入れて6食にする。
　でもその食事方法で嘔吐と貧血に苦しんだこともありました。医者に相談したら「あんたの場合は自分で判断してやりなさい」と言われました。

だから今は普通に１日３食に戻しています。

　病気になってわかったことがあります。
　人間は弱いところを本能でカバーしようとする
けれど、カバーされた所はそれ以上強くならない。
弱いところは、むしろどんどん鍛えなきゃならな
い。
　自分の体験からの確信だけれど、他人が聞けば
かなり強引な物言いに聞こえると思います。
　だけど、我田引水ということでもいい。私ら夫
婦のやり方で乗り切ってみろと神様が生きる機会
を与えたくれたんだという感覚、これで行こうと
思います。
　我が道を行くスタイルを、今も通しています。

第7話

己の生き方

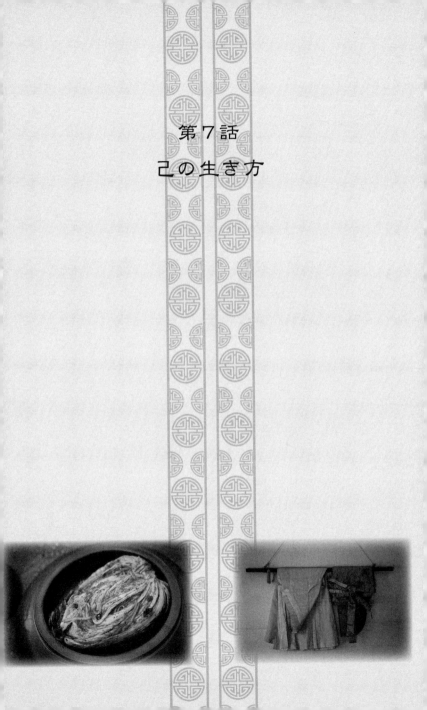

これまでの76年をこうして振り返ると、私は長いトンネルの中を手探りで生きてきたように思います。大方の在日二世がたどった生き様がそうだと思いますが、無我夢中の過去を振り返ると、あんなことやこんなこと、いろんなことを思い出して胸が熱くなります。

　浮き沈みはたくさんありました。今だから言えるこの幸せは周囲の人たちの支えがあってのことです。ほんとうに感謝しています。
　金は貸せないが、お前だったら仕事を回すよと言ってくれた人がいたから今の自分がいる。その感謝の気持ちをどう社会に繋げ、社会に貢献するか、そんな風に考えます。この思いは民団の活動でもサッカーの活動でも同じです。
　この世の中で苦労したということをあえて言うつもりはありません。ただ、苦労したことを何か形に残さないと、自分の人生に対して悔しいと思う。他の人がどう感じるかは任せますが、自分の歩みを残すことで、最低でも家族、仲間、韓国の

友人らに理解してもらって、次の世代のステップになればいいと思います。

　一生懸命頑張ってもたったこれだけしかできないのかと思うこともありました。頑張りが報われるどころか、あんたが悪いと言われたこともある。どれほど限界を感じてきたことか…。
　そんな時は自分が一歩下がって、自分に足りないところがあるんだと考え納得するしかなかったです。そうした方が次にやりやすくなる。「生きていればいろんなことがある。世の中はそんなもんだ。それを人のせいにするな」と常々子どもたちに言ってきました。
　あきらめではないですよ。人に譲ることを学べということなんです。

　花を見て美しいと思う人がいる一方で、美しいこの花はいつ散るのだろうと思う人もいる。人の思いや見方は十人十色です。それぞれの違いを認めた上で、失敗を決して人のせいにせず、次のス

テップの栄養にしなければならないと思うんです。

　人間は回り回って元に戻る。もう一度生まれ変わっても在日韓国人の長男に生まれたいと思います。私には韓国人の誇りがある。
　長男はいろんな苦労があって当たり前でしょう。苦労しながら子どもを育てあげたアボジの思いを継ぐことができるだけで、私は幸せだと思います。

　人は他人を変えようとするけれど、なかなか自分を変えようとはしないものです。
　原点に返ってあらゆるものを自分で見直す、見直して１ミリでも前に進めるような生き方をこれからもしたいと思う。
　日本のいいところ、韓国のいいところを互いが吸収しながら、これまでの友好関係を踏襲しながら、両者の良さをブレンドしながら、両国をサポートするのが私ら在日の役割ではないかと思い

ます。

　日本には在日韓国人だけでなく、諸外国の人々が増えています。ペルーなど南米の子どもらとサッカー交流をしていると現実が良く見える。とかく日本人はグローバルという言葉を使うけど、日本で生活する外国人から見ると実態とは違うのではないでしょうか。

　彼ら外国人は、「日本人には言えないけど、高山さんは外国人だから言う」と前置きしながら、他を排除しがちな日本を語ります。日本人は、本音と建前の違いが透けて見えると言うんです。

~～～～～～私の覚書～～～～～

＊間違い

　　人は生きる上において自分を信じ他人を信じ
　　ようとしている振りをする
　　その上に自分が正しいと言う
　　大きな間違いをする
　　その間違い気づかないままこの世を生きるこ
　　とは非常に悲しい
　　すべては自分が正しいということの間違いだ

＊初心

　　人はすべて始まりはみなすがすがしい気持ち
　　で頑張る！　　目標に向かって
　　だがその目標に達した時初心忘れる
　　人間は初心忘れず周囲に感謝する
　　この二つを忘れず人生送りたいものだ
　　時に人は俺が俺がと我を張る
　　自分だけはとても大きな間違いだ

＊過去

過去は過ぎた時の事　過去は前日も 10 年前も同じである

そんな過去を懐かしく思い悩む人達がいる

そんな過去をいつまでも想うより思い切り蹴飛ばし

今から何ができるかを考えよ！

過去を懐かしく想う者先に進まず挫折する

＊思いやり

思いやりとは簡単な事だ

人はこの世に生活するにおいて他人との共同生活から始まる

そこで相手が行う行動に対し気に入らずまた自分本位になる

その時にすべてにおいて

思いやりとは相手に対しすべてにおいて自分が手に入れたい物

そしてほしい物すべて相手もほしいという事

これが思いやりだ

第 7 話　己の生き方

＊出会い

　人は出会った他人との良い思い出

　ただ出会いがあれば必ず別れがある

　出会った時の素晴らしいまた良い思い出が心
　に残っているだろう

　だが別れた時は悲しい辛い

　そんな別れの思い出になっていくのはなぜだ
　ろう

　それは余りにも出会った時の素晴らしい思い
　出と良いイメージを

　いつまでも独り占めしようとする人間の欲望
　にしか過ぎない

　別れ方も出会った時のように良い別れをぜひ
　したいものだ難しいかな

　別れも出会った時のように！

＊相手

　人生においてこの世で生活生きる時必ず相手
　がある

　その相手を思う余りに泣いたり怒ったり面倒

な事が起きる

だったら相手を考えず無視する事も必要では
ないかと思う

無視すればそれだけ楽になり相手を考えずに
済む

一時の辛抱で互いが幸せになる互いに対して
の思いやり！

＊無我夢中

人は何かに夢中になる時それを無我夢中と言
う

無我夢中すなわち何も見えない前だけ

その目標に向かってまっしぐら

目標に向かっているのだから良いと思う

錯覚である

一生懸命と無我夢中との違いがそこにある

一生懸命は周りを見、監察し目標に向かうが

無我夢中はただひたすらに目標を目指すため
危険だ

人はそこでまた勘違いが生まれる

＊金脈と人脈

　金脈は使う程に無くなる

　人脈は使う程に増える

　だが増える程に難しいのが人達だ

　金は文句は言わない

　人は文句を言う

＊勇気

　人は何事においても最終決断

　それは自らの信念と最後は勇気

　決断そして前に進めるのも勇気

　何事においても勇気

　勇気失う者すべて失う

＊幸せ

　一人だけの幸せは自己満足に過ぎない

　人間特に家族の幸せはみんなが幸せ

　それが真の幸せである

　みんなで努力しみんなで助ける

　そして幸せ必ず来る

待つのではなくみんなで掴む
他人が幸せになる事
多分喜びと…
何か複雑な思いでいる人がある
他人の幸せを自分の幸せにできるように！
　　〜〜〜〜〜〜〜〜〜〜〜〜〜

第 8 話
韓日関係と大韓民国民団

若かった頃、私は日本の文字が読めない一世の外国人登録の切り替えを代書していました。在日同胞社会を揺るがした1980年代半ばの外国人登録法・指紋押捺の問題では、民団と総連の垣根も無く、一つの民族の問題として反対した記憶があります。

　あの時代に比べれば、在日韓国人を取り巻く環境は良くなってきたと思います。あの当時は、「韓流」という言葉もなく、韓国ドラマを気軽に楽しめることもなかったでしょう。

　K-POPは私の孫娘から日本の老若男女を問わず、世界に通用する音楽になりました。

　ニンニク臭いと敬遠された私ら韓国人に、韓国語を教えて欲しいと言われる時代なんです。

　日本の食卓にはキムチが並び、スーパーにはサムジャンもある。そういう時代をサポートするのが私たちの務めだと思います。お互いの文化を認め合い、共通のテーマで語り合える真の友人関係をつくる時代になったと思います。

今から 30 年ほど前、家の近くにあるリサイクルショップでサムスンの大型テレビを買いました。ところが３年くらいで故障して、取り替えるお金もないし、保証期間も切れていて困りました。

　サムスンの営業所に電話し、韓国語で事情を説明すると言葉が通じる在日からの電話を喜んだのか、係の者がすぐに対応してくれました。エンジニアが来て無償で直してくれたんです。「この会社は絶対に伸びる」と女房に話したことがあったけど、案の定、サムスン電子は世界最大級の総合家電メーカーになりました。

　サッカー協会の日本人メンバーと日韓戦を観戦すると、「高山さん、どっちを応援するんだ」と聞かれました。私はサッカー関係者に、高山と呼ばれています。「高山を名乗っても俺は韓国人だよ。韓国を応援するのが当たり前だろ」と答えます。「あんたら韓国を応援する？　日本だろよ。それと同じだよ」と言いました。

その当たり前のことがどうもわからない日本人が多いんです。その反面、在日韓国人は韓国政府べったりで一心同体みたいに思われているようです。だから、韓日関係が悪化すると、ヘイトスピーチを繰り返す心無い者も出てきます。

　日本人にも自民党支持者から共産党支持者までいるでしょう。民主主義なら当然のことです。私らは韓国が好きでこの先も在日韓国人でいるけど、国家を背負ってまで隣人の日本人とケンカする気はさらさら無いですよ。

　韓日両国が共催した 2002 年のサッカーワールドカップでは、対戦ブロックが同じではなかったので、韓国サポーターは日本を、日本サポーターは韓国を応援しました。おかげで大会が盛り上がったんです。

　わが家では、韓国籍になった女房も口では韓国を応援すると言うけれど、日本がシュートを決められそうになると思わず悲鳴が出る。無理もない。

心情として当たり前のことです。それを国対国という枠組みでとらえるから関係がギスギスするんです。

　ギクシャクしている韓日関係も私の目には同じように映ります。自分の国の国益ばかりを考えて相手に歩み寄ろうという気持ちがない。だから話し合いのテーブルにもつかないんです。
　一日前も過去だし、十年前も過去です。過去を引きずっていては絶対にプラスにはなりません。過去のことはいい教訓として、いい栄養剤として受け止めなければ駄目だと思います。
　人間誰しも100％完璧という者はいません。60％くらいなら良しです。相手に100％を求めるからうまくいかないと思う。

　2019年3月、民団千葉県本部の団長に就任しました。
　成田支部の団長をしていた時に、県本部の元団長だった卞鐘彦（ビョン・ジョンオン）常任顧問

から携帯に電話がかかってきたんです。「今から
すぐ県本部に来てくれ」と言われました。仕事の
途中で作業服だったので、「服を着替えて本部に
着くのは２時間後になる」と答えると、「いいか
らそのままトラックで来い」と強い言葉が返って
来ました。何事だろう。まさか本部団長という
話じゃないだろな。それはありえない…。

　本部に着くと、杞憂が現実話になりました。「千
葉出身の呂健二（ヨ・ゴニ）が中央団長に推薦さ
れた。地元として応援したいが、県本部の三機関
長がまだ決まっていないし、あんたしかいない。
次の本部団長を受けてくれ」ということでした。
あまりに突然のことに、まだ支部団長２年目の任
期途中であることを理由にして「受けられない」
と断りました。

　ところが何度も呼び出しを受けたんです。「支
部に持ち帰って検討する。支部の常任顧問が賛成
すれば考える」と応えても、「県本部の顧問、三
機関を説得するからまずは受けろ」と取り付く島
もないんです。

「なぜ私なのだ」と問うと、「仁川と成田のサッカー交流に尽力してきた。地道に韓日親善を推進してきた実行力が今の民団千葉には必要だ」と言われました。

　県本部の団長に就任して何をしたらいいのか。まずは新年会、独立運動記念日を祝う３・１節、植民地からの解放を祝う８月 15 日の光復節など定例行事を粛々と行うことにしました。
　そのほかに団員相互の交流を図る「10 月マダン（広場）」を開きました。会場は千葉市の旧パルコ広場で、千葉駅から徒歩 10 分ほどの目抜き通りです。ＮＨＫ千葉支局の記者が取材に来ました。
　成田サッカー協会の仲間 30 人近くが、韓日が手をつなぐデザインをあしらった揃いのＴシャツ姿で来てくれました。サッカーで会う時はほとんど冗談話しかしない高山選手が、高炳佑団長としてきちんと挨拶ができるのかと皆んな心配したと思います。

同年配の成田サッカー協会の早乙女清和会長の引退セレモニーで、
千葉県本部団長として挨拶（2019年7月27日ホテルウェルコ成田）

　成田サッカー協会の早乙女清和会長の引退セレ
モニーでも団長として感謝と花向けの言葉を送り
ました。同年配で、二人とも夫婦で仁川を訪れる
関係だったんです。サッカー選手の顔と民族団体
の長としての二つの顔。そのギャップがサッカー
関係者には新鮮さと意外性を感じさせたようでし
た。

　団長としての初の試みでしたが、仲間の協力で
150人くらいが集まりました。初舞台としては

千葉台風15号（2019年9月9日）の被害義援金を
日韓親善協会と集めて千葉日報に届けた（前列右が高
炳佑、左は民団千葉県本部鄭東一監察委員長）

上出来だったと思います。コロナ禍で中止に追い
込まれましたが、県本部の定例行事として定着し
ました。

　2019年9月に千葉県を襲った台風15号は、
暴風で多くの住宅で屋根瓦が飛ばされたり、大規
模な停電で避難勧告が出されました。私は被災者
支援の一環として、地元の日韓親善協会といっ
しょに義援金を集めました。アジアツアーで日本

に来ていた K-POP グループにも協力を仰ぎました。ティーントップの追っかけファンがいっぱい来て、多くの義援金が集まりました。日韓親善協会を通じて千葉日報社に届けました。

　2022年3月に、民団千葉県本部の団長に再選されて2期目に入りました。日本という国で生きてきて、これまでの77年の民団の歴史は一世のアボジ、オモニの歴史でもあります。
　自分たちが今つくっている歴史を次世代に見せれば、わかってもらえるのじゃないか。本名を名乗る人もいれば、「田中さん」「鈴木さん」を名乗りながら実は韓国人だったという人もいる。いずれにせよ地域で地域社会に貢献する韓国人であることを日本社会に伝えていかなくてはと思っています。

　私が住んでいる地域は12世帯で、肩を寄せ合うように仲良く暮らしています。ある時、井戸を引こうと掘ってみたけどあまりいい水が出ません

でした。サッカー指導員をしている時からの知り合いだった業者に相談して、改めて２カ所を発掘し、いい水が出るようになりました。

　台風が近づくと井戸のメンテナンスをしてくれるのも民団の関係者です。地域社会に貢献する在日韓国人の存在を知ってほしいと思います。サッカーの教え子で高校の先生になった者もいるし、それも私の誇りです。

　韓国人はなかなかまとまらないと言われるけれど、一人ひとりは優秀な者が多いんですよ。

　優秀すぎると相手に合わせられない。そうするとチームプレーができません。

　日本人の会議では60％の議論で大勢が決まり、大勢が決まると違う意見はなかなか表に出ず、話はまとまります。韓国人の会議は結論が出ても、まだ「俺は、俺は」という人がいてなかなか前に進みません。ここはまったく違います。

　私は亡くなった両親ら一世世代に対する思いが

強いと思います。差別と偏見の時代の日本社会で、苦労しながら私たちを育ててくれたことにまず感謝したいです。

　77年の歴史と伝統のある民団組織を潰したら私たちの責任です。世代交代によって次世代の同化傾向が止まらないけど、何人になっても自分のルーツは忘れてならないと思うんです。

　この気持ちがないと、小さなことで自分のアイデンティティが挫折したり、力ある者に吸い取られたりする。そうしないために自分に何ができるか常に考え、みんなの力で民団を支えていかないといけないと思うんです。

　民団中央の混乱がなかなか収まりません。民団のキャリアが長くない私から見ても、仲良しクラブだけで運営していて、反対するものを「敵陣営だ」と決めつけて排除するのは子どものようで、情けないと思う。

　私は民団千葉県本部団長として民団の看板を守っています。国民儀礼で愛国歌を歌う時はいつ

も両親を思い出します。大韓民国の在外国民の一人でもあるけど、それ以上にアボジ高守賛のせがれです。行動する時にはアボジだったらどうするだろうかと常に考えるんです。

　間違ったことが大嫌いだったアボジの信念を死ぬまで守りたい。そういうアボジら一世が築いた財産を潰してはならない。その思いが私の中にあるんです。

　組織の上にいる人は、常に原点に立ち返らないといけません。失敗したとしても原点に返ればいい。「オレが、オレが」と我を通すやり方は、組織に必要ないんです。まっとうな人間である限り、民団の規約や民主主義のルールに従って、降りる時は潔く降りないといけないんです。

　３月16日、韓国の尹錫悦（ユン・ソンニョル）大統領が昨年５月の就任後初めて日本を訪れました。民団幹部や在日同胞社会のリーダーら約80人はこの日、都内のホテルで開かれた「在日同胞午餐懇談会」に招かれました。

第８話　韓日関係と大韓民国民団

「在日同胞は韓日関係の支柱だ」と各界のリーダーを激励する尹錫悦大統領（2023年3月16日、東京帝国ホテル）

　尹大統領の最初の訪問先が日本でした。韓日関係を重視する尹大統領の姿勢の表れでしょう。大統領を迎える会場には「再び大韓民国、新しい国民の国」というスローガンと太極旗が掲げてありました。

　韓日関係が冷え切っていると、ずっと言われて

尹錫悦大統領との「在日同胞午餐懇談会」に招かれ出席した高炳佑

　きました。サッカー交流をしている私からすれば民間レベルの関係は良好だと思うけれど、政治や経済、安保問題などが揺らいでいるのも事実です。今回の韓日首脳会談が関係改善の大きな一歩になって欲しいと思います。

　韓日関係が悪化するとヘイトスピーチやヘイトクライムがエスカレートします。そのことからも、早く関係を正常に戻して欲しいと思います。

尹大統領は岸田文雄首相と韓日首脳会談を行った後に共同記者会見に臨み、10年以上途絶えていた首脳間の相互訪問「シャトル外交」の再開を決めました。

　尹大統領が初めて日本の土を踏んだ日の朝、北朝鮮はまたも日本海（東海）に向けて長距離弾道ミサイルを発射しました。尹大統領は「無謀な挑発によって北朝鮮は代価を払うことになる」と述べました。

　北朝鮮が総連傘下の同胞のことを少しでも考えたなら、ミサイルのたびに日本の世論が硬直化する現状に思いをめぐらすはずです。決して豊かで無い国が、なぜ何度も何度もミサイルをぶっ放すのか。無用な緊張を生み、在日同胞の首を絞めるような愚挙を繰り返しています。

　だから私は、北朝鮮の暴走に歯止めをかけるために、韓日の軍事情報包括保護協定（ＧＳＯＭＩＡ）が正常化したことを歓迎します。

　韓国大統領の来日は2019年6月に大阪で開かれた主要20カ国・地域首脳会議（Ｇ20）に出席

した文在寅大統領以来のことで約 4 年ぶりです。首脳会談を目的にした来日は 2011 年 12 月の李明博（イ・ミョンバク）大統領以来で 12 年ぶりのことになります。

　これほどまでのブランクが「戦後最悪の関係」と言われるゆえんでしょうが、この度の首脳会談が雪解けの契機になって両国の関係改善に拍車がかかるだろうと、私は期待しているんです。

　　　　　　　──解説と時代背景（p138）（p139）参照

最終話

民団の正常化を願って
事実経過と高炳佑の思い

2021 年 4 月 7 日、高炳佑の姿は東京都内の
ホテルにあった。民団中央正常化委員会（正
常化委）の結成呼びかけに賛同し、民団中央
の組織正常化を願ってのことである。

　その前日の 4 月 6 日、再三にわたって開催、
延期を繰り返していた第 55 回定期中央大会
が、中央委員、代議員、選挙人が投じた団長
選挙の投票用紙を開票せず、規約がまったく
無視される異常な形で終了した。
　議事をつかさどる議決機関は、選挙管理委
員会による一方的な任泰洙候補の立候補取消
をした上で呂健二候補の単独当選報告を承認
した。

　中央委員らが投じた投票用紙はシュレッ
ダーにかけて廃棄された。1 票に託した民意
はただの紙くずになってしまった。破棄した
理由は、任候補が選挙民を騙して獲得した「汚
れた票」というものだった。

「汚れた票」としてシュレッダー処理された
中央委員の清き一票

「選管の独断で私らの投票用紙は闇に葬られ
た。選管には何の権限があってこんな無茶な
ことが強行できるのか。絶対に納得できない。
まさに"無理が通れば道理が引っ込む"という
ことだ」

　誰一人として納得できない事態を前にして、
高炳佑はこう吐き捨てた。

中央大会の決定に納得しない民団有志は正常化委を発足させ、民団48地方本部中35地方本部と2傘下団体、3地方韓国商工会議所の同意を得て、臨時中央大会を求める署名運動を展開した。

　個人情報保護（個人情報保護法18条）の観点から、「中央議決機関に提出する目的のみに使用する」と明記して中央委員、代議員に協力を仰いだ。

　こうして署名運動に応じた署名が全国から集まって来た。誰が署名したのか、その内容は議決機関と事務局を任された中央組織局しか知らないはずだ。

　ところがこの署名内容が流出し、中央執行部や顧問らが署名者を脅す材料に悪用された。民団の規約に則って行った有権者の正当な権利を妨害することは到底認められることではない。

「中央は現役の地方団長らがこれ以上署名しないようにと動き、顧問ら地元の実力者を悪用して圧力をかけた。実に卑怯なやり方だ。犯罪行為と言ってもいい。これが民団の民主主義か。情けない」

　　高炳佑の指摘はすぐに現実のものとなった。民団にあるまじき卑劣な妨害活動にもかかわらず、大会を開くための署名は過半数の262人をゆうに超え、中央委員、代議員308人の署名を集めた。大会を開けというのが多くの中央委員らの声だった。
　　しかし、議決機関は民意を踏みにじり、大会を開かなかった。提出された署名について「本人のものかどうか確認が必要だ」と言い出し、「この署名には印鑑が押されていない」「署名者の住所がない」など自分らの判断基準で23人の署名を無効にした。

これに対して中央団長は「臨時中央大会を求める署名が過半数に達せず、会の目的が終わった」との理由で正常化委に解散を勧告した。過半数に達しないよう妨害行為を企て、実行した自らの罪には一言半句も言及せず「勝利宣言」。選挙運動期間中に「怪文書騒動」を作り出して民団混乱事態を引き起こした者たちが自分たちのルールで「幕引き」を図ったのである。

　中央組織局長が、「正常化委は民団が認めない組織破壊集団。署名活動関連の業務連絡をしなくてもいい」と発言したことに対して、高炳佑は反論する。

「私らの民主的な要求を潰し、組織を混乱し続けているのは中央だ」

　正常化委の目的は、執行部と選管の信任を問うための中央大会を開けという一言に尽きるのだが、「翌年（2022年）２月の中央委員会

で問えばいいじゃないか」との、ためにする
意見が出た。

「中央委員会は信任を問う場でもなく、不信任
の意向を持つ代議員の意見は大会でしか行使
できない。時間の経過とともに正常化委は消
滅するとうそぶく中央の狙いは時間稼ぎだろ
う。居座り時間の長さで『信任を受けた』と
代議員らを欺くことは絶対に許されない」

　　高炳佑はこのように喝破した。
　　注目の対面での中央委員会は、22年３月に
　コロナ感染対策を名目に異例の大阪本部開催
　となった。中央に批判的な東北や九州の中央
　委員にとって大阪はアクセスが良くない。

「反対票を阻止するためとしか思えなかった
ね」

委員多数の抗議の退席でガラガラになった 2022 年３月の定期中央委員会（民団大阪府本部）

　議決機関は中央委員会で委員点呼も行わず、議案についてもまばらな拍手で中央側に表決した。規約に則らない議事進行に多くの中央委員が抗議の退席、会場はガラガラになった。監察委員会はでたらめな議事進行に終始した中央委員会自体を無効だと宣言した。

　中央執行部と議決機関に対し、地方本部からの猛反発、提訴を受け、監察機関は７月、

団長と議長に停権処分を下した。執行部側は監察委員長を罷免すると脅した。議長は23年2月22日に対面で実施する中央委員会を直前になって「書面決議にする」と一方的に通告し、監察委員会の停権処分を支持したと判断した7地方本部33人の中央委員の資格をもはく奪した。

尹徳敏駐日大使は2月18日、呉公太前団長、呂健二「団長」との三者会談を開き、「対面式で中央委員会開催を」と呂に求めたが、実を結ばなかった。

「駐日大使は韓国を代表して日本に赴任している。本来なら民団組織の運営に介入しないのが公館の務めだと思うが、広島で開かれるＧ７に出席するため尹錫烈大統領が来日することもあり、大使としての努力をしたはずだ。大使の面目を潰した団長、議長の罪は重い」

最終話　民団の正常化を願って――事実経過と高炳佑の思い

本来なら対面式で開かれるはずだった2月
22日、高炳佑ら約100人の幹部ら東京本部で
「全国民団幹部研修会」を開き、書面決議強行
に抗議した。
　3月1日の3・1節式典で高炳佑は挨拶の
中で中央の現状について批判的な報告をした。
すると「3・1の挨拶で中央批判はすべきで
はない」と一部からクレームがついた。

「独立運動記念日だからあえて自由と民主主義
を求める闘いの観点から話したまでだ。地方
本部からの相次ぐ批判に受けて立つのが中央
の役割だ。私の言動が正しいか正しくないか
を判断するのは皆さんだ。私は団長職にしが
みついている訳ではない。批判に対してはき
ちんと受けて立つ」

と高炳佑は答えた。
　同じ3月1日、議長から一方的に中央委員
権をはく奪された33人が声明文を発表した。

中央は３月 14 日の書面決議発表で幕引きを
図ったが、書面決議、中央委員権のはく奪、
監察機関報告の議案項目からの削除は規約か
ら逸脱したものだ。
　中央の混乱事態から始まった民団全体の激
震は今も続いている。

「中央の指導力のなさ、求心力のなさが地方に
まで悪影響を及ぼしている現状を直視すべき
だ。三機関長の誰が悪いと責任回避するので
はなく、民団全体、同胞社会の将来を見据え、
団長、議長、監察委員長は速やかに退陣して
もらいたい。中央大会を開催し、新規出直し
を図るしか方法はない。一にも早い収束を願
う」

　これが高炳佑らの要求だ。闘いはまだまだ終
わらない。

最終話　民団の正常化を願って──事実経過と高炳佑の思い

第55回定期中央大会以後の経過

(「臨時大会を求める会」まとめ)

2021 年

1 月末	呂健二氏、任泰洙氏が立候補
2 月初	怪文書(2004 年に任候補が起こした事件について)
	⇒選管、任候補の過去経歴の調査を開始
2 月 25 日	辛容祥選管委員長、呉公太氏に「選挙は君らの勝ちだ」
2 月 26 日	定期大会を延期(任候補の調査のため)
3 月下旬	開票を求める中央委員・代議員の署名 277 人(過半数は 266 人)
	規約に基づく大会開催を求める請願・意見書 32 地方が提出
3 月 12 日	続開大会 → またも延期
	−任候補の資格取り消し
	−副議長 2 人が投票用紙の開票を指示
	−投票箱は持ち込まれていたが、用紙は入っておらず
4 月 6 日	再続開大会(8 分間で終了)
4 月 7 日	「民団中央正常化委員会」が発足
	−呼びかけ人、賛同人(35 地方本部、2 傘下団体、3 団体)
6 月 24 日	臨時大会開催を求める署名簿提出
	−署名 308 人(失格 23 人で結局 285 人)
7 月 5 日	中央、署名簿の確認作業開始(〜 19 日までに回収)

　　　　　－署名の「確認」ではなく、署名を「撤回」
　　　　　　させるための圧力作業
　　　　　－名簿が中央役員のみならず関係顧問にまで
　　　　　　流出、圧力に悪用される
7月13日　東北地協が朴安淳議長を提訴
　　　　　－規約違反と虚偽文書発行、韓賢澤・趙龍済
　　　　　　副議長に対する人権蹂躙
8月19日　正常化委、保留されていた中央支援金の早期
　　　　　支給を大使宛に要請
9月3日　　監察委、正常化委に対し解散勧告
9月15日　監察委、東北地協の提訴を受け、朴議長を戒
　　　　　告処分
9月16日　正常化委が解散
9月29日　中執委、「監察委員会職務検証委員会」の設
　　　　　置を決定
　　　　　《反対意見》
　　　　　－三機関制度の崩壊に繋がる
　　　　　－執行部の意に沿わない処分には「検証委」
　　　　　　が可能
　　　　　　　→ 監察委は実質不要
　　　　　－身内委員のみで構成（執行委員、議決機関、
　　　　　　旧選管
12月16日「臨時大会の開催を求める会」発足
　　　　　－呂健二団長には正当性がない
　　　　　－民団の民主主義（規約の履行と民意の収斂）
　　　　　　を取り戻す
12月17日　東京本部、「検証委」について中央に意見書
　　　　　提出

2022 年

3 月 4 日　延期された中央委員会（当初は 2/18 予定）
　　　　　→再延期

3 月 19 日　定期中央委員会開催
　　　　　－求める会、「臨時大会が開催されればその
　　　　　　結果に従う」

4 月 12 日　監察委、定期中央委員会の無効を宣言

4 月 18 日　呂団長、監察委員会に辞任勧告

4 月 28 日　監察委、呂団長に対し辞任勧告拒否を通告

6 月 15 日　東京本部、監察委に提訴文提出（7/13 までに
　　　　　20 地方が提訴）

7 月 14 日　監察委、団長と議長に停権 3 年の処分

7 月 15 日　執行・議決機関、停権処分の無効を通知

7 月 22 日　東京本部、光復節式典に停権中の団長・議長
　　　　　の出席辞退を要求

8 月 8 日　監察委、臨時中央委員会の開催を要求
　　　　　－団長・議長の処分確定（8/14）前に要求

9 月 21 日　愛知本部、臨時中央委開催の要望書を提出

9 月 30 日　中執委、年内の臨時中央委員会開催を議長に
　　　　　求めることを決定

10 月 27 日 中執委、臨時中央委の開催要求を撤回。岡山・
　　　　　熊本の直轄を決定

12 月 15 日 中執委、監察機関の不信任を求める臨時中央
　　　　　大会開催の要請を決定
　　　　　顧問会議席上、孫京翼顧問が監察委員長の発
　　　　　言中に暴言と暴行

12 月　　　大使館、中央団長に「中央委までに収拾」を
　　　　　強く要請

12 月 22 日 中央、3.18 集会調査の未回答地方（東京、長野、
　　　　　京都）に回答指示

第 55 回定期中央大会以後の経過

2023 年

1 月 18 日　第 77 回定期中央委の招集公告（1/18 付民団新聞）

1 月 26 日　中執委、「岡山・熊本の直轄解除」「東京本部に対する措置」は次回（2/9）に再協議

2 月 9 日　中執委、①岡山・熊本に対する直轄解除を決定②東京本部の直轄を議論するも結論出ず、直轄の際はリモート会議で協議する

2 月 18 日　呉公太前団長、呂健二団長、尹徳敏大使が混乱収拾のための三者会談。呉前団長と尹大使が「対面による中央委員会開催」を求め、呂団長は「検討する」と回答。

3 月 20 日　33 地方本部の団長有志が規約順守の対面中央委員会開催を求め意見書提出

3 月 23 日　民団地方本部協議会（地協）の 5 地協会長らが「全国地方団長意見交換会」開催を呼びかけ（呼びかけ人代表、大阪本部、東京本部団長）

＊解説と時代背景＊

▼民団（在日本大韓民国民団）創立（1948年）

1945年8月15日、日本の敗戦にともない祖国は解放されました。この日は光復節（植民地支配によって失われた光が復活した日）と呼ばれ、内外の同胞が一年で最も大切にする慶祝の日となっています。

解放当時、日本には約230万人の同胞がいて帰郷を急ぎましたが、帰国者を乗せた浮島丸が舞鶴湾で水雷に触れて沈没する事件も起きました。

不安定な政情のもとで、新朝鮮の建設と在日同胞の生活安定、帰還同胞の便宜を図るために、同年10月15日に在日朝鮮人連盟（朝連）が設立されました。

左傾化する朝連に対して、朝鮮建国促進同盟（建青）がつくられ、大逆罪で服役中の朴烈（パク・ヨル）が釈放されると新朝鮮建設同盟（建同）が結成されました。この二つの団体が母体になって、46年10月3日に在日本朝鮮居留民団（民団）が創立されました。初代団長は朴烈です。

48年8月15日に大韓民国政府が樹立されると、政府は「民団を在日同胞唯一の民主団体」として公認しました。

朝連と民団の対立が激しくなり事件が度重なると、事態を重く見たGHQ（連合国総司令部）と日本政府は同年9月、朝連に対して解散命令を下しました。

94年4月、民団は正式名称から「居留」を削除し、「在日本大韓民国民団」に改称しています。

▼朝鮮戦争と在日学徒義勇軍（1950年～）

1950年6月25日、北朝鮮軍の奇襲によって勃発した武力衝突は、大規模国際紛争に発展しました。米国は国連軍の名の下に在日駐留部隊を中心に大軍を投入。初め北朝鮮軍が優勢で、朝鮮半島南の釜山にまで進攻しましたが、国連軍は仁川上陸に成功して反撃し、中国国境付近まで北進しました。すると中国は大挙義勇軍を送って北朝鮮を援助し、38度線を奪回しました。ソ連の提案を機に、

1953年7月板門店で休戦協定が成立、38度線に沿って軍事境界線が設定されました。

日本に留学していた大学生と在日青年らは祖国存亡の危機だとして在日学徒義勇軍を結成し、仁川上陸やソウル奪還作戦など参戦しました。その数642人。戦死や行方不明者が135人、日本への帰還者が262人、日本に再入国できずに韓国に留まった者が245人といわれています。

▼総連の「帰国事業」（1959年～84年）

1959年8月、インドのカルカッタで日本赤十字社（日赤）と北朝鮮の朝鮮赤十字会との間で「帰還協定」が調印されました。これに反対する民団は、同年の光復節を抗議集会に切り替えて、輸送船が出発する新潟で「北

送反対民衆大会」を開催し、5000人の団員が不当だと訴えました。

日赤前ではハンストが行われ、「北送」列車を阻止するために線路に座り込む決死の反対も行われました。

しかし同年12月14日に

は975人を乗せた第1次北送船が新潟港を出発しました。北朝鮮での生活実態が伝わり、希望者が不在となった68年から70年を除き、84年までに9万3千人を超える総連同胞と日本人妻が北に渡ったと言われています。

表向きは「人道主義」と言われますが、経済・食糧事情が逼迫して在日同胞を追放したい日本政府と、在日同胞の「ヒト、モノ、カネ」が欲しい北朝鮮の思惑が一致して行われたと考えられています。

▼民団の「墓参団」事業（1975〜）

総連に所属する同胞の母国訪問・墓参事業のことです。この事業は1971年8月、大韓赤十字社が北朝鮮の赤十字会に提案した「1千万離散家族探し運動」に始まります。

大韓赤十字社は73年の秋夕（旧盆）墓参団の相互交換や60歳以上の老父母を板門店で面会させることなどを提案しましたが、北朝鮮から拒否されました。

72年の「7・4南北共同声明」で謳われた民族的大同団結の精神を在日社会だけでも実現しようと、韓国政府と民団が着手したのが「墓参団」事業です。75年4月に第一陣が韓国に向けて出発しました。

総連は同胞の参加を阻止しようとしましたが、95年までに4万5千人を超える総連同胞が墓参団に参加しました。こうした取り組みは「北は地上の楽園、南は地獄」という総連の宣伝が、現実と違うことを知る契機ともなりました。

＊解説と時代背景＊

▼北朝鮮のミサイル、核実験（2006年〜）

北朝鮮の核実験用原子炉の存在が1982年に発覚しました。米ソは北朝鮮を核拡散防止条約（ＮＰＴ）に加盟させ、国際原子力機関（ＩＡＥＡ）の監視下に置きました。

91年12月、南北政府は「朝鮮半島非核化に関する共同宣言」に調印し、核兵器の製造、保有、配備の禁止を約束しました。この年の9月には韓国と北朝鮮が同時に国際連合に加盟する等、南北関係の変化が期待されました。

しかし、北朝鮮はＮＰＴ脱退、朝鮮半島エネルギー機構（ＫＥＤＯ）に合意、破棄を続けた後、「先軍政治」を打ち出した金正日体制になった06年に核実験に着手しました。

06年7月5日、北朝鮮は連続してミサイルを発射しました。世界にはかりしれない脅威を与える一連の行為に対して、「和解」の美名のもとに民団中央本部と総連が交わした「5・17共同声明」は履行できないとして、白紙撤回されました。

その後も、実権を握った金正恩は核実験や弾道ミサイルの発射を繰り返しています。

この行動は日本人拉致問題とともに、北朝鮮に対する日本の世論を極度に硬直化させ、在日同胞に対するヘイトスピーチやヘイトクライムの口実とされています。

▼ヘイトスピーチ、ヘイトクライム（2013年〜）

「ヘイトスピーチ」という言葉が一般化したのは第一次安倍内閣の2013年のことです。レイシスト（人種差別

主義者）が「チョーセン帰れ」「良い韓国人も悪い韓国人も殺せ」などの暴言を、デモや街宣で白昼まき散らし、社会問題となりました。

事態を重くみた民団は2014年8月、国連人種差別撤廃委員会に代表団を送り、差別禁止法の制定を日本政府に働きかけるよう陳情しました。

再三にわたって勧告されながらも、突っぱねてきた日本政府が「ヘイトスピーチ解消法」を制定したのは2016年になってからです。

この法律は罰則を伴わないものでしたが、外国にルーツがあることを理由に社会から排除するヘイトスピーチは差別だと認定しました。これによってヘイトスピーチやデモは少なくなりましたが、クライム（犯罪）は凶悪化しています。

21年8月には、在日同胞が多く暮らす京都の宇治ウトロ地区で、住宅や平和記念館の資料が焼かれる放火事件が起きました。愛知、徳島、奈良、大阪などで民団の地方本部・支部に対する放火未遂や脅迫事件が相次ぎました。

「ヘイトスピーチ解消法」制定後に実施された朝鮮奨学会の差別実態調査（2019年12月〜20年2月）では、ヘイトスピーチ・ヘイトクライムが、若者たちの民族的アイデンティティを傷つけ、自己否定にもつながっていることが明らかになりました。

在日同胞の存続にも関わる問題であり、力を合わせて取り組む課題です。

＊解説と時代背景＊

◎著者紹介

高 炳佑（コ・ビョンウ）

1946 年 9 月 22 日、東京都荒川区生まれの在日韓国人二世。7 人兄
弟姉妹の長男。荒川第一朝鮮小中級学校を経て北区十条の朝鮮高
級学校に進学。高校卒業後はアボジのスクラップ業を引き継いだ。
倒産して職を転々、安定して結婚、3 人の娘の父となった。

1998 年 4 月成田市サッカー協会に入会、協会事務局渉外企画副委
員長として韓日のみならずアルゼンチン、ペルーなど南米人との
友好に尽力。

2003 年 1 月民団成田支部に入団。

2019 年 3 月、韓国民団千葉県本部団長に就き現在に至る。

在日二世、高炳佑の生き方
心豊かなグローバル社会を求めて

2023 年 4 月 17 日　初版第 1 刷発行

著者＊高炳佑
編集協力＊裵哲恩（KJ プロジェクト）
発行人＊松田健二
発行所＊株式会社 社会評論社
東京都文京区本郷 2-3-10
電話：03-3814-3861　Fax：03-3818-2808
http://www.shahyo.com

装幀・組版＊Luna エディット .LLC
印刷・製本＊株式会社ミツワ